WIE KANN MAN BETEN

IM ISLAM

EIN BUCH FÜR MUSLIMKINDER

68 Seiten und 8 x 10 Zoll

1 / Gebet im Islam.

2 / Gebetswaschung im Islam.

Dieses Buch gehört:

....

....

ERSTES KAPITEL:

GEBET

IM ISLAM

Von Seite Nr. 3 bis Seite Nr. 55

بإسم الله الرحمان الرحيم

« Bismi llaahi rrahmaani rrahiime »

Im Namen Allah's, des Allerbarmers, des Barmherzigen

ALS ERSTES:

Wenn Sie beten möchten, sollten Sie sich in einem sauberen und reinen Zustand halten. Und um so zu sein, muss man eine Gebetswaschung durchführen

« Gebet ohne Gebetswaschung ist ungültig »

Die fünf täglichen Gebete :

GEBETE	ANZAHL VON RAKAT	REZITATION	ZEIT DER GEBETE
AL-FAJR	2	Laut rezitieren	Morgendämmerung vor Sonnenaufgang
ADDOUHUR	4	Lautlos rezitieren	Mittag, nachdem die Sonne ihren höchsten Stand erreicht hat
AL-AASER	4	Lautlos rezitieren	Der späte Teil des Nachmittags
AL-MAGHEB	3	Das erste und zweite Rakaa: laut rezitieren; der dritte Rakaa: lautlos rezitieren.	Kurz nach Sonnenuntergang
AL-AISHA	4	Das erste und zweite Rakaa: laut rezitieren; der dritte und der vierte Rakaa: lautlos rezitieren.	Zwischen Sonnenuntergang und Mitternacht

Beachten Sie, dass Mädchen / Frauen alle Verse und Suren lautlos rezitieren müssen.

Wir geben Ihnen ein Beispiel für das Beten im Islam mit Bildern und nehmen als Beispiel das Gebet von «AL-AASER» mit vier stillen «RAKAAH».

Die Präsentation wird also Schritt für Schritt sein, damit alle Kinder und sogar Erwachsene das Gebet leicht und fließend verstehen und verrichten können.

So lass uns anfangen.

بإســـم الله الرحمـــان الرحيـــم

« bismi llaahi rrahmaani rrahiime »

Im Namen Allah's, des Allerbarmers, des Barmherzigen.

Dies ist die Illustration des ersten «RAKAH»

Steh zuerst auf, dein Gesicht zeigt auf die QIBLA, MECCA

Beginnen Sie dann immer mit «bismillah»: im Namen Allahs .

Sie sollten beabsichtigen zu beten und dann sagen:

الله أكبر الله أكبر

«Allaahou akbar , allaahou akbar. »

Allah ist großartig, Allah ist großartig

أشهد أن لا إلاه إلا الله

« ashehadou anna laa ilaaha illa llaah »

Ich bezeuge, dass es keinen Gott außer Allah gibt

وأشهد أن محمدا عبده و رسوله

« wa ashehadou anna mohammadane aabdouhou

Wa rassoulouhou »

Und ich bezeuge, dass Mohammed sein Sklave und Prophet ist

حي على الصلاة حي على الفلاح

« hayya aalaa ssalaati, hayya aalaa lfalaahi »

Komm zum Gebet, komm zum Erfolg

قد قامت الصلاة

« qade qaamati ssalaatou »

Das Gebet wurde gegründet,

الله أكبر، الله أكبر

« allaahou akbar , allaahou akbar»

 Allah ist großartig, Allah ist großartig

لا إلاه إلا الله

« laa ilaaha illa llaah »

Es gibt keinen Gott außer Allah

Beginnen Sie Ihr Gebet, indem Sie sagen:

الله أكبر

« Allaahou akbar »

Allah ist großartig

- Schauen Sie sich das folgende Bild an -

Dann rezitieren Sie lautlos Sure Al-Fatiha:

بإسم الله الرحمان الرحيم
« Bismillaahi rrahmaani rrahiime »
Im Namen Allahs, des Allerbarmers, des Barmherzigen!

الْحَمْدُ لِلَّهِ رَبِّ الْعَالَمِينَ
« alhamdou lillaahi rabbi al-aalamiina » - **Alles Lob geb,**

الرَّحْمَٰنِ الرَّحِيمِ
« arrahmaani rrahiime »
dem Allerbarmer, dem Barmherzigen,

مَالِكِ يَوْمِ الدِّينِ
« maaliki yawemi ddiine »
.!dem Herrscher am Tage des Gerichts

إِيَّاكَ نَعْبُدُ وَإِيَّاكَ نَسْتَعِينُ
« iyyaaka na-aaboudo wa iyyaaka nasta-aaiine »
**Dir (allein) dienen wir, und Dich (allein) bitten
wir um Hilfe.**

اهْدِنَا الصِّرَاطَ الْمُسْتَقِيمَ
« ihdina ssiraata almoustaqiime »
 Zeigen Sie uns den geraden Weg,

صِرَاطَ الَّذِينَ أَنْعَمْتَ عَلَيْهِمْ غَيْرِ الْمَغْضُوبِ عَلَيْهِمْ وَلَا الضَّالِّينَ. امين.
« siraata lladiina ane-aameta aalayehime, ghayri almaghdoubi
 aalayehime, wala ddaliine. Amiiiiine »
**den Weg derer, denen Du Gnade erwiesen hast, nicht (den
Weg) derer, die(Deinen) Zorn erregt haben, und nicht (den
Weg) der Irregehenden.
Amine.**

بِسۡمِ ٱللَّهِ ٱلرَّحۡمَٰنِ ٱلرَّحِيمِ

« Bismillaahi rrahmaani rrahiime »
Im Namen Allahs, des Allerbarmers, des Barmherzigen!

قُلْ هُوَ اللَّهُ أَحَدٌ

« qoul houa llaahou ahade »
Sprich: Er ist Allah, ein Einziger

اللَّهُ الصَّمَدُ

« allaahou ssamade »
Allah, der Absolute (ewig Unabh

لَمْ يَلِدْ وَلَمْ يُولَدْ

« lame yalide walame youlade »
Er zeugt nicht und ist nicht gezeugt worden

وَلَمْ يَكُنْ لَهُ كُفُوًا أَحَدٌ

« walame yakoune lahou koufou-ane ahade »
und Ihm ebenb

<u>**Dann sage: :**</u>

الله أكبر

« Allaahou akbar »

Allah ist großartig

Gehen Sie wie im folgenden Bild vor:

Dann sagen Sie dreimal:

"Subhaana rabiyya al-aaddiime » :

سبحان ربي العظيم

Ehre sei meinem Gott

<u>**Dann wieder aufrecht stehen und sagen:**</u>

سمع الله لمن حمده
"Sami-aa llaahou limane hamidah"
Allah hört auf diejenigen, die Ihn preisen
*****

ربنا و لك الحمد
« Rabbanaa walaka lhamde »
Lob sei unserem Gott.

Dann sagen Sie :

الله أكبر

« Allaahou akbar »

Allah ist großartig

Während der Niederwerfung müssen Sie dreimal sagen:

"Subhaana rabiyya al-aalaa"

سبحان ربي الأعلى

Ehre sei meinem Gott

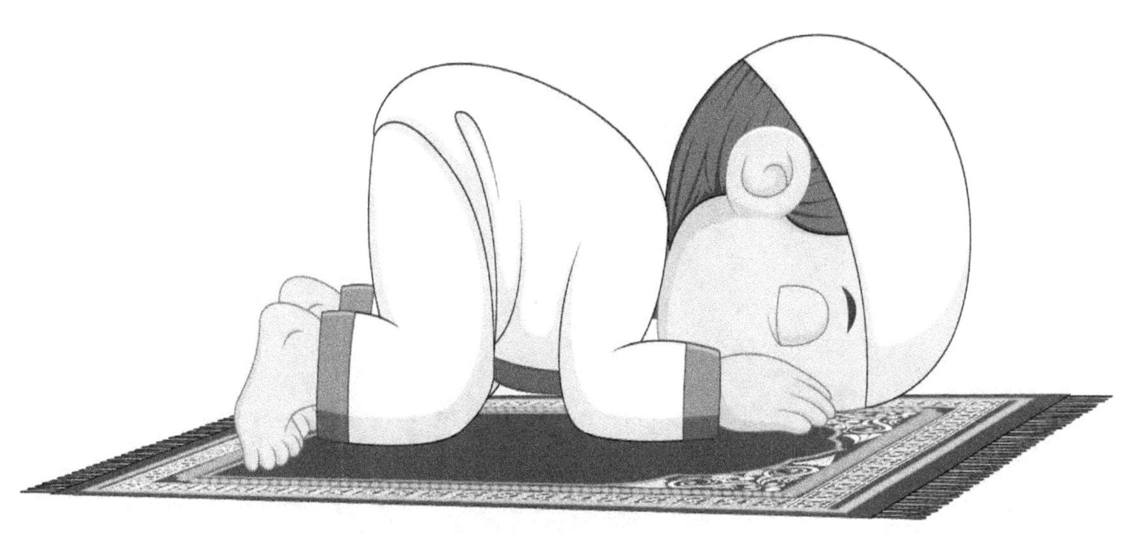

<u>**1 / Kopf heben und sagen:**</u>

"Allaahou akbar"

الله أكبر

Allah ist großartig

<u>**2 / Sagen Sie dann eine Anfrage wie:**</u>

اللهم إغفر لي و إرحمني

« Allaahoumaa ighfir lii wa rhamnii »

Mein Gott, vergib mir und erbarme dich meiner

__1 / Dann bücken Sie sich langsam, um sich niederzuwerfen und zu sagen:__

"Allaahou akbar"

الله أكبر

Allah ist großartig

__2 / Noch einmal, während Sie sich niederwerfen, müssen Sie 3 Mal sagen:__

"Subhaana rabiyya al-aalaa"

سبحان ربي الأعلى

Ehre sei meinem Gott

DER ZWEITE «RAKAAH»

Dies ist die Illustration des zweiten «RAKAAH»

Steh zuerst auf, dein Gesicht zeigt auf die QIBLA, MECCA

Starten Sie dann Ihren zweiten RAKAT, indem Sie sagen:
الله أكبر

« Allaahou akbar »

Allah ist großartig

- Schauen Sie sich das folgende Bild an -

<u>Dann rezitieren Sie noch einmal lautlos Surah Al-Fatiha:</u>

بإسم الله الرحمان الرحيم
« Bismillaahi rrahmaani rrahiime »
Im Namen Gottes, des Erbarmers, des Barmherzigen.

الْحَمْدُ لِلَّهِ رَبِّ الْعَالَمِينَ
« alhamdou lillaahi rabbi al-aalamiine »
Lob sei Gott, dem Herrn der Welten,

الرَّحْمَٰنِ الرَّحِيمِ
« arrahmaani rrahiime »
Dem Erbarmer, dem Barmherzigen,

مَالِكِ يَوْمِ الدِّينِ
« maaliki yawemi ddiine »
 **Der Verfügungsgewalt besitzt über
!den Tag des Gerichtes**

إِيَّاكَ نَعْبُدُ وَإِيَّاكَ نَسْتَعِينُ
« iyyaaka na-aaboudo wa iyyaaka nasta-aaiine »
Dir dienen wir, und Dich bitten wir um Hilfe.

اهْدِنَا الصِّرَاطَ الْمُسْتَقِيمَ
« ihdina ssiraata almoustaqiime »
Führe uns den geraden Weg,

صِرَاطَ الَّذِينَ أَنْعَمْتَ عَلَيْهِمْ غَيْرِ الْمَغْضُوبِ عَلَيْهِمْ وَلَا الضَّالِّينَ. امين.
« siraata lladiina ane-aameta aalayehime, ghayri almaghdoubi
 aalayehime, wala ddaliine. Amiiiiine »
 **Den Weg derer, die Du begnadet hast, die nicht dem Zorn verfallen
und nicht irregehen. Amine.**

<u>Nachdem Sie die Surat AL FATIHA beendet hatten, rezitierten Sie lautlos einen Vers aus dem Koran:</u>
<u>Beispielsweise:</u> سورة النصر *Surah An-Nasr:*

بِسْمِ ٱللّٰهِ ٱلرَّحْمَٰنِ ٱلرَّحِيمِ

« Bismillaahi rrahmaani rrahiime »
Im Namen Gottes, des Erbarmers, des Barmherzigen.

إِذَا جَاءَ نَصْرُ اللّٰهِ وَالْفَتْحُ

« idaa jaa-a nasrou llaahi walfatehou »
Wenn die Hilfe Allahs kommt und der Sieg

وَرَأَيْتَ النَّاسَ يَدْخُلُونَ فِي دِينِ اللّٰهِ أَفْوَاجًا

« wa ra-ayeta nnaasa yadkhoulouna fii diini
 llaahi afwaajane »
**und du die Menschen zur Religion Allahs in
 Scharen**

فَسَبِّحْ بِحَمْدِ رَبِّكَ وَاسْتَغْفِرْهُ إِنَّهُ كَانَ تَوَّابًا

« fasabbih bismi rabbika wa staghfirhou
 innahou kaana tawaabane »
**dann lobpreise deinen Herrn und bitte Ihn
um Vergebung! Er ist wahrlich Der, Der die Reue
an nimmt.**

Dann sagen Sie:

الله أكبر

« Allaahou akbar »

Allah ist großartig

<u>**Gehen Sie wie im folgenden Bild vor:**</u>

<u>**Dann sagen Sie dreimal:**</u>

"Subhaana rabiyya al-aaddiime » :

سبحان ربي العظيم

Ehre sei meinem Gott

<u>**Dann stehen Sie wieder aufrecht und sagen:**</u>

سمع الله لمن حمده
"Sami-aa llaahou limane hamidah"
Allah hört auf diejenigen, die Ihn preisen

*****

ربنا و لك الحمد
« Sabbanaa walaka lhamd »
Lob sei unserem Gott

<u>Dann sagen Sie :</u>

الله أكبر

« Allaahou akbar »

Allah ist großartig

<u>**Während Sie sich niederwerfen, müssen Sie dreimal sagen:**</u>

"Subhaana rabiyya al-aalaa"

سبحان ربي الأعلى

Ehre sei meinem Gott

<u>**1/ Heben Sie den Kopf und sagen Sie**</u>

"Allaahou akbar"

الله أكبر

Allah ist großartig

<u>**2 / Sagen Sie dann eine Anfrage wie:**</u>

اللهم إغفر لي و إرحمني

« Allaahoumaa ighfir lii wa rhamnii »

Mein Gott, vergib mir und erbarme dich meiner

<u>**1 / Dann bücken Sie sich langsam, um sich niederzuwerfen und zu sagen:**</u>

"Allaahou akbar"

الله أكبر

Allah ist großartig

<u>**2 / Noch einmal, während Sie sich niederwerfen, müssen Sie 3 Mal sagen:**</u>

"Subhaana rabiyya al-aalaa"

سبحان ربي الأعلى

Ehre sei meinem Gott

<u>Heben Sie den Kopf und sagen Sie</u>

"Allaahou akbar"

الله أكبر

Allah ist großartig

Dann setzen Sie sich auf die Knie, um den Taschahhud zu rezitieren , und versuchen, den Finger Ihrer rechten Hand zu bewegen. Der "Tashahhud", wie auf der folgenden Seite geschrieben:

<u>Der "Tashahhud" ist wie folgt:</u>

التحيات لله و الصلوات و الطيبات،
« Attahiyaatou lillaah wa ssalawaatou wa ttayibaate »
Alle Komplimente, Gebete und reinen Worte sind Allah zu verdanken.

السلام عليك أيها النبي ، ورحمة الله و بركاته
«assalaamou aalayeka ayouha nnabii warahmatou llaahi wa barakaatouhou »
Friede sei mit dir, oh Prophet, und die Barmherzigkeit Allahs und seines Segens.

السلام علينا و على عباد الله الصالحين،
« assalaamou aalayenaa wa aalaa aibaadi llaahi ssaalihiina »
Friede sei mit uns und den gerechten Sklaven Allahs.

أشهد أن لا إله إلا الله،
« ashehadou anna laa ilaaha illa llaah ».
Ich bezeuge, dass es keinen Gott außer Allah gibt

و أشهد أن محمدا عبده و رسوله.
«wa ashehadou anna mouhammadane aabedouhou wa rasoulouhou.»
und ich bezeuge, dass Mohammed sein Sklave und Gesandter ist

und ich bezeuge, dass Muhammad sein Sklave und Gesandter ist. Jetzt wirst du die andere Hälfte des Gebets verrichten. Sie müssen zwei weitere «RAKAAHS» durchführen

DER DRITTE RAKAH

Für die beiden folgenden «RAKAAHS» müssen Sie keinen weiteren Koranvers lesen, sondern nur «ALFATIHA».

Dies ist die Illustration des dritten «RAKAT»

Beginnen Sie dann Ihren dritten «RAKAT» mit den Worten:

الله أكبر

« Allaahou akbar »

Allah ist großartig

- Schauen Sie sich das folgende Bild an -

Dann rezitieren Sie noch einmal lautlos Surah Al-Fatiha:

بِإِسم الله الرحمان الرحيم

« Bismillaahi rrahmaani rrahiime »

Im Namen Gottes, des Erbarmers, des Barmherzigen.

الْحَمْدُ لِلَّهِ رَبِّ الْعَالَمِينَ

« alhamdou lilaahi rabbi al-aalamiine »

Lob sei Gott, dem Herrn der Welten,

الرَّحْمَٰنِ الرَّحِيمِ

« arrahmaani rrahiime »

Dem Erbarmer, dem Barmherzigen,,

مَالِكِ يَوْمِ الدِّينِ

« maaliki yawemi ddiine »

**Der Verfügungsgewalt besitzt über den Tag
des Gerichte**s

إِيَّاكَ نَعْبُدُ وَإِيَّاكَ نَسْتَعِينُ

« iyyaaka na-aaboudo wa iyyaaka nasta-aaiine »

Dir dienen wir, und Dich bitten wir um Hilfe.

اهْدِنَا الصِّرَاطَ الْمُسْتَقِيمَ

« ihdina ssiraata almoustaqiime »

 Führe uns den geraden Weg,

»صِرَاطَ الَّذِينَ أَنْعَمْتَ عَلَيْهِمْ غَيْرِ الْمَغْضُوبِ عَلَيْهِمْ وَلَا الضَّالِّينَ. امين.

« siraata lladiina ane-aameta aalayehime, ghayri almaghdoubi
 aalayehime, wala ddaliine. Amiiiiine »

**Den Weg derer, die Du begnadet hast, die nicht dem Zorn
verfallen und nicht irregehen. Amine.**

الله أكبر

« Allaahou akbar »

Allah ist großartig

<u>Gehen Sie wie im folgenden Bild vor:</u>

Dann sagen Sie dreimal:

”Subhaana rabiyya al-aaddiime » :

سبحان ربي العظيم

Ehre sei meinem Gott

<u>**Dann stehen Sie wieder aufrecht und sagen:**</u>

"Sami-aa llaahou liman hamidah"

سمع الله لمن حمده

Allah hört auf diejenigen, die Ihn preisen

****

ربنا و لك الحمد

« Rabbanaa walaka lhamd »

Lob sei unserem Gott

<u>Dann sagen Sie</u>

الله أكبر

« Allaahou akbar »

Allah ist großartig

<u>Während Sie sich niederwerfen, müssen Sie dreimal sagen:</u>

"Subhaana rabiyya al-aalaa"

سبحان ربي الأعلى

Ehre sei meinem Gott

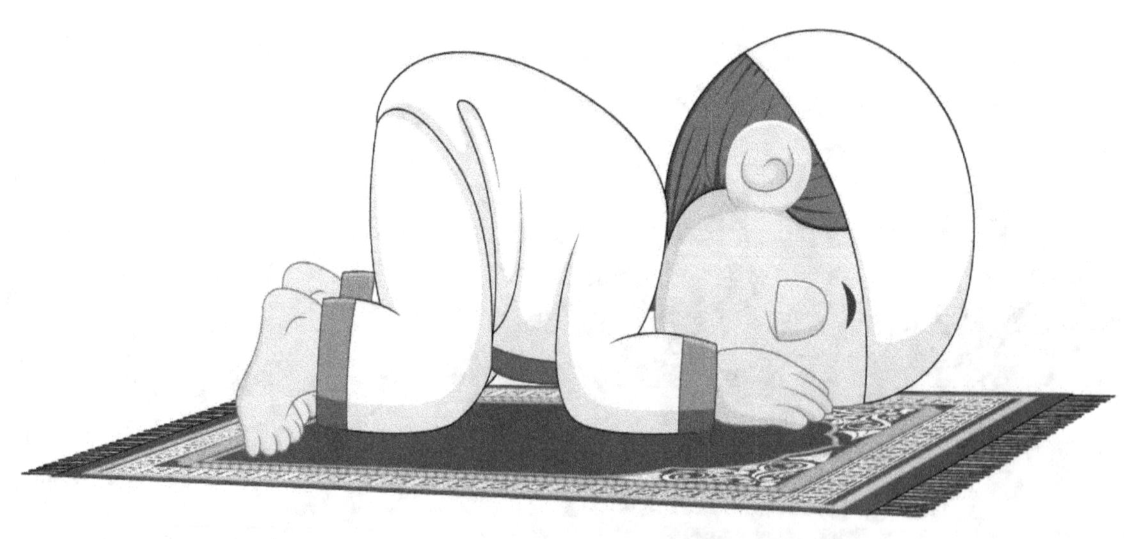

<u>**1 / Heben Sie den Kopf und sagen:**</u>

"Allaahou akbar"

الله أكبر

Allah ist großartig

<u>**2/ Then, say a request such as :**</u>

اللهم إغفر لي و إرحمني

« Allaahoumaa ighfir lii wa rhamnii »

Mein Gott, vergib mir und erbarme dich meiner

<u>**1 / Dann bücken Sie sich langsam, um sich niederzuwerfen und zu sagen:**</u>

"Allaahou akbar"

الله أكبر

Allah ist großartig

<u>**2 / Noch einmal, während Sie sich niederwerfen, müssen Sie 3 Mal sagen:**</u>

"Subhaana rabiyya al-aalaa"

سبحان ربي الأعلى

Ehre sei meinem Gott

DER VIERTE RAKAH

Dies ist die Illustration des vierten «RAKAH»

Beginnen Sie dann Ihren vierten «RAKAT» mit den Worten:

الله أكبر

« Allaahou akbar »

Allah ist großartig

- Schauen Sie sich das folgende Bild an -

<u>Dann rezitieren Sie noch einmal Sure Al-Fatiha:</u>

بِسم اللهِ الرحمانِ الرحيمِ
« Bismillaahi rrahmaani rrahiime »
Im Namen Gottes, des Erbarmers, des Barmherzigen.

الْحَمْدُ لِلَّهِ رَبِّ الْعَالَمِينَ
« alhamdou lilaahi rabbi al-aalamiine »
Lob sei Gott, dem Herrn der Welten,

الرَّحْمَٰنِ الرَّحِيمِ
« arrahmaani rrahiime »
Dem Erbarmer, dem Barmherzigen,

,
مَالِكِ يَوْمِ الدِّينِ
« maaliki yawemi ddiine »
Der Verfügungsgewalt besitzt über den
Tag des Gerichtest

إِيَّاكَ نَعْبُدُ وَإِيَّاكَ نَسْتَعِينُ
« iyyaaka na-aaboudo wa iyyaaka nasta-aaiine »
Dir dienen wir, und Dich bitten wir um Hilfe.

اهْدِنَا الصِّرَاطَ الْمُسْتَقِيمَ
« ihdinaa ssiraata almoustaqiime »
Führe uns den geraden Weg,

»صِرَاطَ الَّذِينَ أَنْعَمْتَ عَلَيْهِمْ غَيْرِ الْمَغْضُوبِ عَلَيْهِمْ وَلَا الضَّالِّينَ. امين.
« siraata lladiina ane-aameta aalayehime, ghayri almaghdoubi
  aalayehime, wala ddaliine. Amiiiiine »
Den Weg derer, die Du begnadet hast, die nicht dem Zorn verfallen und
nicht irregehen. Amine

Dann sagen Sie :

الله أكبر

« Allaahou akbar »

Allah ist großartig

<u>**Gehen Sie wie im folgenden Bild vor:**</u>

<u>**Dann sagen Sie dreimal:**</u>

"Subhaana rabiyya al-aaddiime » :

سبحان ربي العظيم

Ehre sei meinem Gott

<u>Dann stehen Sie wieder aufrecht und sagen:</u>

سمع الله لمن حمده
"Sami-aa llaahou limane hamidah"
Allah hört auf diejenigen, die Ihn preisen

ربنا و لك الحمد
« Rabbanaa walaka lhamd »
Lob sei unserem Gott

<u>Dann sagen Sie :</u>

الله أكبر

« Allaahou akbar »

Allah ist großartig

<u>**Während Sie sich niederwerfen, müssen Sie dreimal sagen:**</u>

"Subhaana rabiyya al-aalaa"

سبحان ربي الأعلى

Ehre sei meinem Gott

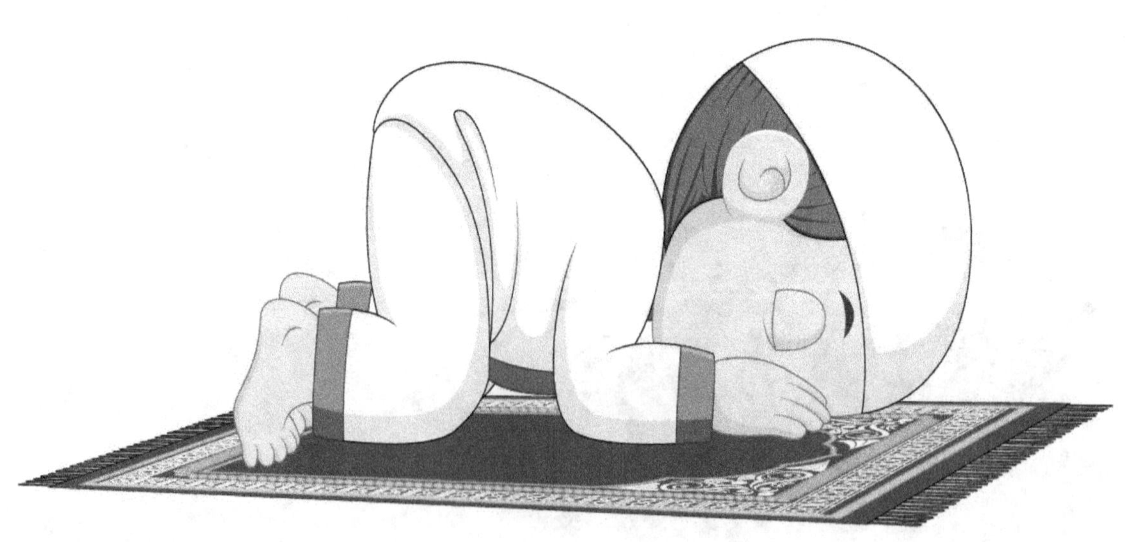

<u>**1 / Heben Sie den Kopf und sage:**</u>

"Allaahou akbar"

الله أكبر

Allah ist großartig

<u>**2 / Sagen Sie dann eine Anfrage wie:**</u>

اللهم إغفر لي و إرحمني

« Allaahoumaa ighfir lii wa rhamnii »

Mein Gott, vergib mir und erbarme dich meiner

<u>**1 / Dann bücken Sie sich langsam, um sich niederzuwerfen und zu sagen:**</u>

"Allaahou akbar"

الله أكبر

Allah ist großartig

<u>**2 / Noch einmal, während Sie sich niederwerfen, müssen Sie 3 Mal sagen:**</u>

"Subhaana rabiyya al-aalaa"

سبحان ربي الأعلى

Ehre sei meinem Gott

<u>Heben Sie den Kopf und sagen Sie:</u>

"Allaahou akbar"

الله أكبر

Allah ist großartig

Dann setzen Sie sich auf die Knie, um sowohl das Taschahhud
-als auch das Ibrahim-Gebet zu rezitieren, während Sie
-Ihren Finger der rechten Hand bewegen, wie auf der
- folgenden Seite beschrieben.

التحيات لله و الصلوات و الطيبات،
« Attahiyaatou lillaah wa ssalawaatou wa ttayibaate »
Alle Ehrerweisungen, Gebete und schöne Worte gebühren Allah..

السلام عليك أيها النبي ، ورحمة الله و بركاته
«assalaamou aalayeka ayouha nnabii wa rahmatou llaahi wa barakaatouhou »
Der Friede sei auf dir, o Prophet, die Barmherzigkeit Allah und Sein Segen. .

السلام علينا و على عباد الله الصالحين،
« assalaamou aalayenaa wa aalaa aibaadi llaahi ssaalihiina »
Der Friede sei auf uns und den rechtschaffenen Dienern Allahs.

أشهد أن لا إله إلا الله،
« ashehadou anna laa ilaaha illa llaah »
Ich bezeuge, dass niemand würdig ist angebetet zu werden außer Allah

و أشهد أن محمدا عبده و رسوله.
«wa ashehadou anna mouhammadane aabedouhou wa rasoulouhou »
und ich bezeuge, dass Muhammad Sein Diener und Gesandter ist.

اللهم صلي على محمد و على آل محمد
« allahoumma salli aalaa mouhammadine wa aalaa aali mouhammadine »
O Allah, erhebe die Erwähnung Muhammad und der Familie Muhammads,

كما صليت على إبراهيم و على آل إبراهيم
« kamaa sallayeta aalaa ibrahiim wa aalaa aali ibrahiim »
so wie Du die Erwähnung Ibrahims und der Familie Ibrahims erhoben hast,

وبارك على محمد و على آل محمد
 « wa baarik aalaa mouhammadine wa aalaa aali mouhammadine »
 und segne Muhammad und die Familie Muhammads,

كما باركت على إبراهيم و على آل إبراهيم
« kamaa baarakta aalaa ibrahiim wa aalaa aali ibrahiim »
so wie Du die Familie Ibrahims, in den Welten,
gesegnet hast.

في العالمين إنك حميد مجيد.
« fii l-aalamiina innaka hamiidoune majiide »
Du bist der Preiswürdige, der Mächtige!

Die Beendigung der Gebete erfolgt wie folgt:

Drehen Sie Ihren Kopf nach rechts und sagen Sie:

السلام عليكم و رحمة الله تعالى و بركاته

"Assalaamou aalaykoum wa rahmatou llaahi ta-alaa wa barakaatouh"

Friede, Barmherzigkeit und Segen des allmächtigen Allah

Dann drehen Sie Ihren Kopf nach links und sagen:

السلام عليكم و رحمة الله تعالى و بركاته

"Assalaamou aalaykoum wa rahmatou llaahi ta-alaa wa barakaatouh"

Friede, Barmherzigkeit und Segen des allmächtigen Allah

Nachdem Sie Ihr Gebet beendet haben, können Sie Ihre Bitte «Dua» sagen.

اللهم إني أسألك برحمتك التي وسعت كل شي أن تغفر لي

« Allaahoumma innii as-alouka birahmatika allatii
Wasi-aate koulla shaye-ine ane taghfira lii »

O Allah, ich bitte dich durch deine Barmherzigkeit, die alle Dinge einhüllt, dass du mir vergibst.

<u>Die fünf täglichen Gebete rekapitulieren</u>

Gebete	Zusammensetzung jedes Gebets
Al-Fajr	Zwei laut Rakats + Tashahhud + Ibrahim Gebet + Salam Alaykum
Adduher	Zwei stille Rakats + Tashahhud + Zwei stille Rakats + Tashahhud + Ibrahim Gebet + Salaam Alaikum
Al-Aaser	Zwei stille Rakats + Tashahhud + Zwei stille Rakats + Tashahhud + Ibrahim Gebet + Salaam Alaikum
Al-Maghreb	Zwei laute Rakats + Tashahhud + Ein stiller Rakat + Tashahhud + Ibrahim Gebet + Salam Alaykum
Al-Aishaa	Zwei laute Rakats + Tashahhud + Zwei stille Rakats + Tashahhud + Ibrahim Gebet + Salaam Alaykum

Noch einmal, es ist sehr wichtig zu erwähnen, dass Frauen während all ihrer Gebete den Koran lautlos rezitieren müssen.

ZWEITES KAPITEL:

Gebetswaschung

Im Islam

Von Seite 57 bis Seite 67

GEBETSWASCHUNG

Wenn Sie beten möchten, sollten Sie sich natürlich in einem sauberen und reinen Zustand halten. Und um so zu sein, muss man eine Waschung durchführen.

« Gebet ohne Waschung ist ungültig »

In der Tat ist die Waschung «ALWUDU» ein islamisches Verfahren zur Reinigung des gesamten Körpers oder von Teilen davon. Die Waschung erfolgt normalerweise zur Vorbereitung auf die formellen täglichen fünf obligatorischen Gebete oder bevor der Koran behandelt und gelesen wird.

Es gibt drei Arten der Waschung:

1 / Teilwaschung: Waschen von Körperteilen mit Wasser. Diese Art der Waschung dient zur Reinigung einiger Aktivitäten wie Wasserlassen, Stuhlgang, Blähungen, Tiefschlaf und leichte Blutungen. Diese Waschung wird jeden Tag durchgeführt.

2/ Trockene Waschung: «Attayamoume»: Wasser durch Stein oder Sand ersetzen, wenn kein Wasser vorhanden ist.

3/ Volle Waschung: Waschen Sie den ganzen Körper nach dem Geschlechtsverkehr, der Geburt oder der Menstruation mit Wasser. Dies beinhaltet ähnliche Schritte wie oben (1. Waschung), wobei zusätzlich die linke und rechte Körperseite gespült wird.

Im zweiten Teil dieses Buches werden wir Ihnen vorstellen, wie Sie Schritt für Schritt eine islamische Teilwaschung durchführen können, um Ihre täglichen Gebete richtig zu üben.

Wenn also jemand beschließt, sich für das
Gebet zu reinigen, um Allahs willen.
Dann beginnt man mit:

بإسم الله الرحمان الرحيم
« bismi llaahi rrahmaani rrahiime »
Im Namen Allahs, des Gnädigsten, des Barmherzigen.

Und mit Wasser beginnt man dann,
einige Körperteile wie folgt zu waschen:

1 / Die Hände:

Waschen Sie die Hände dreimal und achten Sie
darauf,
dass das Wasser zwischen den Fingern und über
alle Hände bis zum Handgelenk reicht.

<u>**2 / Der Mund:**</u>

Waschen Sie den Mund dreimal, bringen Sie
Eine Handvoll Wasser in den Mund und spülen
Sie ihn gründlich aus.

<u>**3 / Die Nase:**</u>

Waschen Sie die Nase dreimal, indem Sie mit der rechten Hand Wasser in die Nase bringen, das Wasser schnüffeln und mit der linken Hand ausstoßen.

4 / Das Gesicht:

Waschen Sie das Gesicht dreimal von der Stirn zum Kinn und von Ohr zu Ohr.

<u>5 / Die Arme:</u>

Waschen Sie die Arme dreimal bis zu den Ellbogen, beginnend mit dem rechten Arm.

Waschen Sie den Kopf einmal und wischen Sie ihn mit nassen Händen von vorne nach hinten und wieder von vorne über den Kopf.

<u>**7 / Die Ohren:**</u>

Waschen Sie die Ohren einmal mit feuchten Fingern, um die Innen- und Außenseiten der Ohren abzuwischen.

<u>**8 / Die Füße:**</u>

Waschen Sie die Füße dreimal bis zu den
Knöcheln, beginnend mit rechts.

Es ist sehr wichtig zu erwähnen, dass die muslimische Person vor jedem täglichen Gebet die Waschung «al wudu» nicht wiederholen muss, wenn sie nicht gebrochen ist.

Und die Aktionen, die die Waschung brechen können, umfassen:

Wasserlassen,
Defäkation,
Blähungen,
Tiefschlaf,
Bewusstlos werden,
Blutung aus einer Wunde.

Und natürlich sind nach jedem Wasserlassen oder Stuhlgang die betroffenen Teile zu waschen.

الحمد لله ربي العالمين

"Alhamdou lilaahi rabbi l-aalamiine »

Gelobt sei Allah, der Cherisher und Erhalter der Welten.

Wenn Sie eine Bemerkung haben, kontaktieren Sie uns bitte über diese E-Mail: apamog@hotmail.com